essentials

essentials liefern aktuelles Wissen in konzentrierter Form. Die Essenz dessen, worauf es als „State-of-the-Art" in der gegenwärtigen Fachdiskussion oder in der Praxis ankommt. essentials informieren schnell, unkompliziert und verständlich

- als Einführung in ein aktuelles Thema aus Ihrem Fachgebiet
- als Einstieg in ein für Sie noch unbekanntes Themenfeld
- als Einblick, um zum Thema mitreden zu können

Die Bücher in elektronischer und gedruckter Form bringen das Expertenwissen von Springer-Fachautoren kompakt zur Darstellung. Sie sind besonders für die Nutzung als eBook auf Tablet-PCs, eBook-Readern und Smartphones geeignet. essentials: Wissensbausteine aus den Wirtschafts, Sozial- und Geisteswissenschaften, aus Technik und Naturwissenschaften sowie aus Medizin, Psychologie und Gesundheitsberufen. Von renommierten Autoren aller Springer-Verlagsmarken.

Weitere Bände in dieser Reihe http://www.springer.com/series/13088

Johannes Moskaliuk

Generation Y als Herausforderung für Führungskräfte

Psychologisches Praxiswissen für wertorientierte Führung

Johannes Moskaliuk
ich.raum GmbH
Neckartailfingen
Deutschland

ISSN 2197-6708 ISSN 2197-6716 (electronic)
essentials
ISBN 978-3-658-13399-3 ISBN 978-3-658-13400-6 (eBook)
DOI 10.1007/978-3-658-13400-6

Die Deutsche Nationalbibliothek verzeichnet diese Publikation in der Deutschen Nationalbibliografie; detaillierte bibliografische Daten sind im Internet über http://dnb.d-nb.de abrufbar.

Springer

Gedruckt auf säurefreiem und chlorfrei gebleichtem Papier

Springer ist Teil von Springer Nature
Die eingetragene Gesellschaft ist Springer Fachmedien Wiesbaden GmbH

Was Sie in diesem essential finden können

In diesem essential wird die Generation Y vorgestellt. Dabei werden insbesondere Aspekte thematisiert, die aus Sicht von Unternehmen und Führungskräften relevant sind. Ziel ist es, einen fundierten Überblick über wichtiges Praxiswissen zu geben und konkrete Implikationen abzuleiten. Eingeführt wird das Konzept der wertorientierten Führung. Vorgestellt werden Theorien zur Bedeutung von Werten für ein zufriedenstellendes und sinnerfülltes Leben, sowie Coaching-Methoden, die sich dafür eignen, Werte zu identifizieren und weiterzuentwickeln. Zielgruppe des essentials sind Trainerinnen und Trainer, die mit Führungskräften arbeiten, sowie Personalverantwortliche und Führungskräfte, die eigene Werte verstehen, sowie wertorientiert führen und kommunizieren möchten.

- Einen Überblick über grundlegende Erkenntnisse zu Werten und Führung, theoretisch fundiert & praxisrelevant.
- Psychologisches Coaching- und Führungswissen für Coachs, Berater, Personalverantwortliche und Führungskräfte, prägnant aufbereitet.
- Coaching-Tools und Kommunikations-Methoden, die Sie direkt einsetzen können.

Inhaltsverzeichnis

Digital Natives der Generation Y: Eine Herausforderung für Unternehmen?

1

Als Generation Y werden die zwischen 1980 und 2000 Geborenen bezeichnet. Das englische „Why" bezieht sich dabei auf die dieser Kohorte zugeschriebene kritische und hinterfragende Grundhaltung. Zwischen 1990 und 2010 war die oft auch Millenials genannte Generation in der Pubertät, sie ist mit dem Internet und mit digitalen Kommunikationsmedien aufgewachsen und ist deshalb im Vergleich zu Mitgliedern älterer Kohorten relativ technologieaffin. Nicht zuletzt durch eine Reihe von populärwissenschaftlichen Veröffentlichungen (z. B. Bund 2014; Hurrelmann und Albrecht 2014; Kosser 2014) gibt es mittlerweile eine breite Diskussion zur Frage, welche Konsequenzen sich aus den Eigenschaften und Merkmalen der Generation Y für Organisationen und Unternehmen ergeben.

In diesem Essentials wird die Frage beantwortet, welche Herausforderungen die Generation Y an Führungskräfte stellt. Eine zentrale These wird sein, dass die Generation Y berufliche Herausforderungen sucht, die in Einklang mit den eigenen Werten stehen und deshalb als sinnvoll erlebt werden. Zufriedenheit und Motivation hängt dann in hohem Ausmaß von wertkongruenten Aufgaben ab – also Aufgaben, die zu den eigenen Werten passen. Wertorientierte Führung und Kommunikation ist deshalb ein wichtiges Führungsinstrument, das möglicherweise höhere Bedeutung hat als Gratifikationssysteme, Zielvereinbarungen und langfristige Arbeitsverträge.

Im Folgenden wird zunächst ein kurzer Überblick über die Eigenschaften der Generation Y gegeben. Eine ausführlichere Zusammenstellung mit detaillierten Literaturverweisen findet sich im Springer Essential von Ruthus (2014). Dabei muss allerdings berücksichtigt werden, dass in der vorhandenen Literatur keine einheitl iche Definition der Eigenschaften und Merkmale der Generation Y zu finden ist und sich auch die zeitliche Eingrenzung teilweise unterscheidet. Auch bei der Benennung der Generation Y gibt es zahlreiche Vorschläge, z. B. Generation Praktikum (vgl. Briedis und Minks 2007), Digital Natives (Prensky 2001) oder Net Generation (Tapscott 2009). Außerdem gibt es Veröffentlichungen, die eine klare Abgrenzung

J. Moskaliuk, *Generation Y als Herausforderung für Führungskräfte*,
essentials, DOI 10.1007/978-3-658-13400-6_1

der Generation Y zu früheren und späteren Kohorten kritisch diskutieren (z. B. Bennett et al. 2008) sowie empirische Ergebnisse, die eine hohe Heterogenität innerhalb der Generation Y nahelegen (z. B. Guillot-Soulez und Soulez 2014).

1.1 Die Generation Y: Jung und unglücklich

Die Mitglieder der Generation Y sind verhältnismäßig gut ausgebildet, viele haben einen Hochschulabschluss. Als Kinder von Eltern der Nachkriegsgeneration sind sie weniger streng erzogen und in einem eher wohlhabenden Umfeld aufgewachsen. Sie sind selbstbewusst und haben zumindest aus finanzieller Sicht keine Zukunftssorgen. Gleichzeitig wird die Generation Y als orientierungslos beschrieben. Ein Grund sind die hohe Gestaltungs- und Wahlmöglichkeiten in Bezug auf die eigene Zukunft, die sich aus dem wirtschaftlichen und gesellschaftlichen Umfeld ergeben. Die Mitglieder der Generation Y haben alle Möglichkeiten, sich privat und beruflich zu entwickeln. Daraus ergibt sich gleichzeitig eine Überforderung und die Angst, etwas zu verpassen oder den falschen Weg einzuschlagen.

Die Mitglieder der Generation Y haben ein niedrigeres Sicherheitsbedürfnis. Ihnen ist klar, dass ein Arbeitsplatz heute nicht mehr auf Lebenszeit garantiert ist, und sind deshalb bestrebt, sich flexibel an neue Anforderungen anzupassen und lebenslang zu lernen. Von ihrem Arbeitgeber erwartet die Generation Y Angebote zur Personalentwicklung und Weiterqualifizierung, zeitnahes und regelmäßiges Feedback und transparente Kommunikation. Außerdem möchten sie sich persönlich entfalten. Wichtiger als eine Karriere als Führungskraft ist ihnen, eine interessante und sinnvolle Arbeitstätigkeit, das Erleben von Wertschätzung für die eigene Arbeit und die Möglichkeit, Beruf und Privatleben zu vereinbaren. Es scheint ihnen selbstverständlich, während der Arbeitszeit den Internetanschluss des Unternehmens z. B. zum Lesen privater E-Mails zu nutzen. Gleichzeitig sind sie auch in ihrer Freizeit mobil erreichbar, oder arbeiten zu Hause an ihren Arbeitsaufgaben weiter. Soziale Beziehungen haben eine hohe Bedeutung. Die Mitglieder des Generation Y knüpfen arbeitsbezogene soziale Netzwerke auch über das eigene Unternehmen hinaus. Außerdem verschwindet die Grenze zwischen beruflichen und privaten Kontakten.

Neben den bis jetzt genannten individuellen Werten, die für die Mitglieder der Generation Y wichtig sind, ist auch eine Reihe von gesellschaftlichen Rahmenbedingungen von Bedeutung. Eine Deregulierung der Märkte, sinkende Transportkosten sowie Fortschritte in den verfügbaren Informations- und Kommunikationstechnologien führen zu intensiven internationalen Wirtschaftsaktivitäten. Das verändert auch das Einkaufsverhalten der Generation Y. Sie ist an Billiganbieter und emotionale Werbung gewöhnt, nutzt das Internet zum Preisvergleich und zum Einkaufen, fordert dienstleistungsorientierte Kundenkommunikation und transparente Werbung. Die Globalisierung ermöglicht der Generation Y ohne größere Hindernisse und Einschränkungen international zu studieren, arbeiten oder reisen zu können. Kulturelle Vielfalt ist für die Generation Y selbstverständlich. Dabei werden auch die negativen Auswirkungen dieser Entwicklung wahrgenommen. Die Generation kennt Herausforderungen wie Klimawandel, gestiegene Arbeitslosigkeit, prekäre Arbeitsverhältnisse bei Zulieferern und bezieht Stellung dazu. Das soziale und ökologische Engagement eines Unternehmens ist deshalb ein wichtiges Auswahlkriterium bei der Entscheidung für einen Arbeitgeber.

Auch die Einführung des werbefinanzierten Privatfernsehens, die damit verbundene Kommerzialisierung, Differenzierung und Internationalisierung sowie technologische Veränderungen (z. B. Streaming-Anbieter) beeinflusst die Generation Y. Dazu kommen die Veränderung des Internets und die Verfügbarkeit digitaler Medien. Das Internet wird nicht mehr nur für die Rezeption von Inhalten und den Zugang zu global verfügbaren Informationen genutzt. Die Generation Y partizipiert aktiv, teilt eigenes Wissen und beteiligt sich an der kooperativen Erstellung von Inhalten (Cress et al. 2016). Der ständige Zugang zum Internet auch über mobile Geräte und die ständige Erreichbarkeit wird als selbstverständlich wahrgenommen. Das wird im nächsten Kapitel ausführlich dargestellt.

1.2 Facebook und Co: Wie das Netz Kommunikation verändert

Mit dem Begriff Social Web oder Web 2.0 (O'Reilly 2005) werden technologische Veränderung im Internet beschrieben, z. B. der Austausch von Inhalten über Geräte- und Anwendungsgrenzen oder die Speicherung und Nutzung von Daten und Anwendung im Internet statt auf einem lokalen Computer (Cloud Computing) (Moskaliuk 2008). Interaktive Technologien und Dienste wie Wikis, Blogs, Podcasts, Folksonomies, File-Sharing-Dienste und virtuelle Onlinewelten haben Auswirkungen auf den Umgang mit Daten, Informationen und Wissen (Kolbitsch und Maurer 2006). Im Wesentlichen sind folgende Entwicklungen zu beschreiben:

- Das Web 2.0 ist ein „Mitmach-Web". Einfache Werkzeuge zum Erstellen und Hochladen von Webseiten, Fotos und Filmen führen zu großen Mengen an Daten. Die Nutzer werden zu Produzenten von nutzergenerierten Inhalten.

- Das Web 2.0 ist eine Plattform. Es löst den Personal Computer als zentralen Speicherplatz von Daten ab. Software wird im Netz bereitgestellt und über den Browser verwendet (z. B. google.docs).
- Das Web 2.0 ist „perpetual beta“. Anwendungen und Angebote im Web werden unter Einbindung der Nutzer ständig weiterentwickelt und verbessert.
- Das Web 2.0 ist anwendungs- und plattformübergreifend. Inhalte werden zwischen einzelnen Anwendungen ausgetauscht (z. B. Einbindung von Online-Karten auf externen Webseiten) und sind von unterschiedlichen Geräten aus zugänglich (Computer, Handy, Fernseher).

Verstärkt durch die Verfügbarkeit von mobilen Geräten, die Kommunikation zu jeder Zeit und von überall aus ermöglichen, führt das Web 2.0 zu einer digitalen Revolution. Die technologischen Möglichkeiten und die damit verbundene veränderte Nutzung des Internets verändern Lernen und Arbeiten grundlegend und haben damit hohe gesellschaftliche Relevanz. Individuen beteiligen sich an der gemeinsamen Weiterentwicklung von Wissen und profitieren gleichzeitig von der großen Menge an weltweit verfügbarem Wissen. Diese Weisheit der Massen macht es z. B. eine umfangreiche und qualitativ hochwertige Online-Enzyklopädie Wikipedia möglich. Lernen passiert selbst gesteuert und problemorientiert, es entstehen übergreifende soziale Netzwerke, die nicht mehr nur lokal bedeutsam sind, z. B. innerhalb eines Unternehmens. Die Möglichkeit, unterschiedliche Inhalte miteinander zu verknüpfen, zu strukturieren, Beziehungen und Gegensätze zu erkennen und so neues Wissen zu konstruieren, generiert einen Mehrwert. Hierfür wird oft der Begriff Emergenz verwendet (Johnson 2001).

Das Web 2.0 ist mehr als eine Technologie, die den einfachen Austausch von Informationen und Wissen ermöglicht. Die soziale Dimension des Web 2.0 – die Möglichkeiten für Kooperation und Interaktion – führt in vielen gesellschaftlichen Bereichen zu Veränderungen (Cress et al. 2016). So wird das Potenzial des Web 2.0 für den Erwerb und die Kommunikation von Wissen und die damit verbundene digitale Revolution im Bezug auf die Veränderungen, die sich für Schulen, Hochschulen, Unternehmen und Organisationen ergeben, breit diskutiert (vgl. Moskaliuk 2008). Insbesondere im Blick auf die Wettbewerbsfähigkeit von Unternehmen, nicht nur im Informationssektor, auch in den Bereichen Dienstleistung und Produktion, ist die Nutzung des Web 2.0 z. B. für Werbung und PR, interne und externe Kommunikation, nutzerzentrierte Produktentwicklung oder Support deshalb zentral. Die Mitglieder der Generation Y gehören zu einer Generation, die sich eine (Arbeits-)Welt ohne digitale Medien nicht mehr vorstellen kann. Als Digital Natives nutzen sie das Web 2.0 selbstverständlich – beruflich und privat. Negative Auswirkungen dieser Entwicklung, z. B. in Bezug auf die Entgrenzung von Arbeit oder gestiegene psychische Belastungen werden in diesem Essential nicht diskutiert. Ebenso bleibt offen, welche gesellschaftlichen Konsequenzen sich aus den großen Unterschieden ergeben, die in Bezug auf die kompetente Mediennutzung auch innerhalb der Generation Y zu beobachten sind (Digital Divide). In diesem Essential liegt der Schwerpunkt auf den Anforderungen dieser Digital Natives an Arbeitgeber und die Konsequenzen, die sich daraus für Führungskräfte ergeben.

2 Werte geben Sinn – Welche Bedeutung Werte für Zufriedenheit und Erfolg haben

Im Kap. 1 wurden die Eigenschaften und Merkmale der Mitglieder der Generation Y kurz zusammengefasst. Ein zentraler Aspekt ist die Wertorientierung der Generation Y. Der Wert Sicherheit hat eine geringere Bedeutung, dafür ist ihnen persönliche Weiterentwicklung, Veränderung und Flexibilität wichtig. Außerdem legen die Mitarbeitende der Generation Y Wert auf eine sinnvolle Arbeitsaufgabe, offene und transparente Kommunikation und eine gute technische Ausstattung ihres Arbeitsplatzes. Ein unbefristeter Arbeitsvertrag und Anspruch auf vermögenswirksame Leistungen sind deshalb möglicherweise weniger wichtig, als die Möglichkeit sich gestaltend einzubringen, schnelles und eheliches Feedback zur eigenen Arbeit zu erhalten, und offen und transparent zu kommunizieren.

Dabei ist nicht geklärt, ob diese Beschreibung der individuellen Wertorientierung für alle Angehörigen der Generation Y gilt. Aktuelle empirische Studien finden hier keine eindeutigen Belege (z. B. Krahn und Galambos 2014). Deshalb muss zum einen der Begriff „Generation" kritisch diskutiert werden. Äußere Lebensumstände wie die Digitalisierung und Globalisierung der Märkte haben einen großen Einfluss auf die Wertorientierung einer Generation. Gleichzeitig scheint die Abgrenzung gegenüber älteren Generationen und die Entwicklung einer eigenen (beruflichen) Identität eher der Lebensphase von Berufseinsteigern geschuldet zu sein, als der Zugehhörigkeit zu einer klar abgrenzbaren Generation. Um anderen scheint die genauen Klassifikation der Generation Y nur begrenzt von praktischer Relevanz zu sein. In einem Unternehmen werden immer Mitarbeitende unterschiedlichen Alters arbeiten. Eine Führungskraft wird ihr Führungshandeln nicht an den Anforderungen einer einzelnen Generation ausrichten können. Auch mit Blick auf das Personalmarketing und die Personalauswahl sollte der Fokus auf den notwendigen Kompetenzen von Mitarbeitenden und der Passung zum Unternehmen liegen, und weniger auf den einer Generation zugeschriebenen Eigenschaften.

J. Moskaliuk, *Generation Y als Herausforderung für Führungskräfte*,
essentials, DOI 10.1007/978-3-658-13400-6_2

Ich gehe deshalb von der Hypothese aus, dass die Mitglieder der Generation Y stark auf die eigenen Werte achten, eine berufliche Herausforderungen suchen, die zu den eigenen Werten passen und sensibel auf die Verletzung von Werten reagieren. Der Unterschied zwischen der Generation Y und den Führungskräften bezieht sich dann nicht auf generationsspezifischen Werteprofile, sondern auf das (im Vergleich zu den Führungskräften) höhere Bedürfnisse der Generation Y, auch im Beruf auf die eigenen Werte zu achten. Damit trage ich einerseits den empirischen Ergebnissen Rechnung, die keine eindeutigen Werteprofile nachweisen können, andererseits nehme ich die in der Praxis beobachtbaren Anforderungen der Generation Y an Führungskräfte ernst.

Für die Praxis ergibt sich daraus die Forderung nach wertorientierter Führung. Wertorientierung meint, individuelle Werte als wichtigen Einflussfaktor für Wahrnehmen, Erleben und Verhalten zu verstehen und diese Erkenntnis in das eigene Führungsverhalten zu integrieren. Damit haben Führungskräfte ein wirksames Instrument in der Hand, um Arbeitsmotivation und Arbeitszufriedenheit zu fördern, leistungsfähige Mitarbeitende im Unternehmen zu halten und Konflikte zielführend zu lösen. Diese Idee vertiefe ich in Kap. 3. Konkrete Methoden und Tipps für die Praxis stelle ich Ihnen im Kap. 4 vor. In diesem Kap. 2 werden zunächst grundlegende Theorien und Konzepte zum Thema Werte vorgestellt und diskutiert.

2.1 Werte: Was ist mir wirklich wichtig?

Was ist mit dem Begriff Wert genau gemeint? Waren haben einen Wert. Dieser Wert lässt sich meistens in Geld ausdrücken. Der Wert ergibt sich aus der Arbeitszeit und den Rohstoffen, die aufgewendet werden müssen, um eine Ware herzustellen. Wert ergibt sich aber auch aus der Bedeutung, die etwas für eine Person hat, die bereit ist, einen bestimmten Preis zu bezahlen. Auch immaterielle Dinge, Ideen, Eigenschaften haben einen Wert. Dann bezeichnet der Begriff Wert etwas Gutes oder Erstrebenswertes.

Drei Aspekte von Werten sind wichtig:

- Ein Wert ist auf etwas gerichtet. Er beschreibt damit den Gegenwert – die Bedeutung, die Relevanz – die etwas hat.
- Ein Wert ist subjektiv. Wert ergibt sich aus der Bewertung, die eine Person, eine Gruppe oder Gesellschaft in Bezug auf etwas vornimmt.
- Ein Wert ist veränderbar. Ein Wert kann sich über die Zeit, in Abhängigkeit von Umständen und Situationen verändern.

Werte und Sinn hängen eng zusammen. Der Psychotherapeut Viktor Frankl, Begründer der Logo-Therapie, beschreibt den Menschen als ein eigenverantwortliches und gestaltendes Wesen (Frankl 2002). Der Begriff *logos* stammt aus dem Griechischen und bedeutet Wort, Sinn oder Vernunft. Der Mensch ist ein Wesen, das nach Sinn strebt. Die Sinnhaftigkeit des eigenen Handelns ist dabei treibende Kraft: Sie beeinflusst Entscheidungen, Erleben und Verhalten. Dieser *Wille zum Sinn* treibt Menschen an. Hier verwendet Frankl den Begriff *Selbsttranszendenz:* Sinn weist über den Menschen hinaus. Er verwendet das Beispiel eines Bumerangs, der nur dann zum Jagenden zurückkehrt, wenn er sein Ziel verfehlt hat. Selbstverwirklichung und die Suche nach dem Sinn weisen weg von Erwartungen und Anforderungen an sich selbst, hin zu einem aktiven Handeln, das jeder Einzelne als sinnvoll für die Welt wahrnimmt. Wenn eine Person die eigenen Werte kennt und deren Veränderung über die Zeit wahrnimmt, versteht sie sich selbst besser. Das hat großen Einfluss auf getroffene Entscheidungen, im Beruf und im Privatleben. Wer die eigenen Werte kennt, kann Entscheidungen zu treffen, die kongruent sind mit der eigenen Persönlichkeit.

Auf den Punkt gebracht bedeutet das: Menschen erleben ihr eigenes Leben als sinnvoll, wenn im aktiven Tun die eigenen Werte verwirklicht werden können. Werte machen Sinn erlebbar und konkret, aus Werten ergeben sich konkrete Entscheidungen und Verhaltensweisen. Die zentrale Idee ist: Werte und Sinn hängen eng zusammen. Wenn ein Mitarbeiter in seiner Arbeitstätigkeit eigenen Werte verwirklich kann, dann erlebt er seinen Beruf als sinnvoll. Daraus ergibt sich Motivation. Das begründet die Bedeutung von Werten für Kommunikation und Führung.

Eine Führungskraft kann durch geeignete wertorientierte Führung, Zufriedenheit und Motivation, und damit langfristig auch die Leistungsfähigkeit der Mitarbeitenden fördern. Darum wird es im Kap. 3 gehen.

2.2 Werte beeinflussen Verhalten

Die eigenen Werte beeinflussen Verhalten, Denken und Empfinden. Sie entscheiden was Sie tun oder lassen und wie Sie sich dabei fühlen. Meistens wirken Ihre Werte dabei aber unbewusst, die meisten Menschen können die eigenen Werte nicht immer genau benennen. Deshalb bemerken Sie meistens erst dann, welche Werte für Sie wichtig sind, wenn einer Ihrer Werte missachtet wird. Wenn Sie selbst oder andere etwas tun, was Ihren Werten widerspricht, reagieren Sie traurig, ärgerlich oder wütend. Werte beeinflussen Ihre Vorstellungen, Haltungen, Einstellungen, Wahrnehmung und Verhalten. Und: Sie geben Ihrem Leben Sinn.

Es lassen sich drei Arten von Werten unterscheiden:

- Erlebniswerte stehen in einer passiven Beziehung zu meinem eigenen Verhalten. Hier handele ich nicht aktiv. Erlebniswerte erlebe und genieße ich (z. B. Schönheit, Naturverbundenheit, Kunst).
- Schöpferische Werte sind aktiv mit meinem eigenen Verhalten verbunden. Hier geht es darum, selbst etwas zu erschaffen, hervorzubringen, zu kreieren. Schöpferische Werte beziehen sich auf Beruf und Arbeitsaufgaben (z. B. Erfolg, Macht) und die Gestaltung des eigenen Lebens (z. B. Gesundheit, Achtsamkeit).
- Einstellungswerte beziehen sich auf die Einstellung zum eigenen Leben und dessen Höhen und Tiefen (z. B. Freiheit, Glück, Dankbarkeit).

2.3 Werte als Brille für die Welt

Werte können als eine Brille beschrieben werden, mit der eine Person sich selbst, das eigene Leben und andere betrachtet. Werte sind ein Bewertungsschema, ein Rahmen, innerhalb dessen eine Person entscheidet, was gut, richtig, wichtig und wertvoll ist. Werte sind also sehr individuell und unterscheiden sich von Mensch zu Mensch. Werte sind ein Teil dessen, was eine Person ausmacht sind. Hier geht es um die inneren Werte eines Menschen. Gleichzeitig sind Werte aber auch vom Umfeld geprägt, von der Kultur und Gesellschaft in der eine Person aufgewachsenen ist. Auch Erziehung, Vorbilder oder Glaubensüberzeugungen z. B. einer Religion oder Weltanschauung beeinflussen die Werte, die Menschen leben. Diese äußeren Werte beeinflussen die inneren Werte, beide hängen eng zusammen. Meistens beginnen Menschen erst, über ihre eigenen Werte nachzudenken, wenn ein oder mehrere Werte verletzt sind. Das passiert oft, wenn sich das Umfeld ändert. Das kann der Umzug in ein anderes Land sein, in dem andere Werte wichtig sind. Das kann der Wechsel des Arbeitsplatzes sein, bei dem in einem neuen Unternehmen andere Werte zum Tragen kommen. Das kann das Kennenlernen eines neuen Partners und dessen Eltern sein, wenn klar wird, dass z. B. bei der Erziehung unterschiedliche Werte im Zentrum standen. Auch wichtige Einschnitte im Leben, wie die Geburt eines Kindes, eine lange Krankheit, oder andere schöne oder belastende Erlebnisse können dazu führen, dass sich Ihre Werte ändern oder Ihnen ein Ungleichgewicht zwischen inneren und äußeren Werten deutlich wird.

Wertorientierte Führung bezieht sich deshalb auch auf interkulturelle Kompetenz, die unterschiedliche Werte-Systeme wahrnimmt, und diese Diversität als Chance für Innovation versteht. Werte müssen also im Spannungsverhältnis zwischen gesellschaftlichen Werten (äußere Werte) und den aus diesen Werten abgeleiteten individuellen Werte (innere Werte) verstanden werden.

Die Rolle innerer und äußerer Werte wird später noch diskutiert werden. Zunächst liegt der Schwerpunkt auf den inneren Werten, die zur Persönlichkeit eines Menschen gehören. Ich verwende den Begriff Persönlichkeit, um das Netzwerk aller Werte, Ziele und Beliefs einer Person zu beschreiben. Was einem Menschen wichtig und wertvoll ist (Werte), was ein Mensch erreichen will (Ziele) und was ein Mensch glaubt über sich und die Welt (Beliefs), macht seine Persönlichkeit aus. Die eigene Persönlichkeit ist dabei nicht statisch und unveränderbar, sondern entwickelt sich ständig weiter. Auslöser für die Weiterentwicklung der eigenen Persönlichkeit sind oft äußere Veränderungen, wie ein neuer Beruf, ein anderes soziales Umfeld oder eine Krankheit oder Krise. Mit dem Wechsel vom Studium in eine Berufstätigkeit nimmt z. B. die Anforderungen an die Anwesenheit am Arbeitsplatz (im Gegensatz zur Anwesenheit im Hörsaal) zu. Das könnte Werte wie Selbstbestimmung oder Hedonismus verletzen. Eine Person muss eigenen Einstellungen (und die zugrunde liegenden Werte) anpassen, um langfristige beruflichen Erfolg haben zu können. Gleichzeitig ermöglicht ein festes Gehalt vielleicht teure Reisen und damit die Verwirklichung der Werte Freiheit oder Abenteuer, die während des Studiums nicht möglich waren, oder eine (finanziell) höhere Sicherheit.

2.4 Werte und Persönlichkeit

Die Persönlichkeit eines Menschen und die Werte einer Person können nur im Zusammenhang mit ihrer Umwelt verstanden werden. Meistens beginnen Menschen sich mit der eigenen Persönlichkeit auseinanderzusetzen, wenn es zu einem Konflikt kommt zwischen dem, was gerade von außen her passiert, und dem, was ein Mensch im Inneren möchte. Damit rücken innere Werte bewusst oder unbewusst in den Fokus. Mitarbeitenden fragen sich z. B., ob eine Arbeitsaufgabe zur eigenen Person und den eigenen Werte passt. Die Wertehaltung eines Unternehmens, die z. B. in Produkten, Dienstleistungen oder Führungsverhalten zum Ausdruck kommt, wird mit den eigenen Werten abgeglichen.

Außerdem hängen die Werte einer Person auch von den gleichzeitig bestehenden Zielen und Beliefs ab. Die drei Elemente der eigenen Persönlichkeit – Werte, Ziele und Beliefs – hängen voneinander ab und beeinflussen sich gegenseitig.

Beliefs können das Erreichen eines Ziels verhindern, ein neues Ziel kann die Bedeutung einzelner Werte verändern, ein Wert kann für das Erreichen eines Ziels hinderlich oder förderlich sein. Sie können sich die drei Aspekte wie drei Ecken eines gleichseitigen Dreiecks vorstellen. Wenn sich eine Ecke in eine bestimmte Richtung verschiebt, müssen sich auch die anderen Ecken verschieben, damit das Dreieck im Gleichgewicht bleibt. Dieses Zusammenspiel der drei Elemente, die unsere eigene Persönlichkeit ausmachen, ist also äußerst dynamisch. Es ist ständigen Veränderungen unterworfen. Sie sind dem Wechselspiel von Werten, Zielen und Beliefs, und den Umwelteinflüssen, die dieses Wechselspiel beeinflussen, aber nicht hilflos ausgeliefert. Wenn Sie Ihre eigenen Ziele, Werte und Beliefs kennen, dann bemerken Sie schneller, wenn Sie die Balance verlieren. Oft hilft es schon weiter, zu verstehen, woher ein Ungleichgewicht kommt und warum Sie deshalb in einer bestimmten Weise reagieren. Im nächsten Schritt können Sie gezielt etwas dafür tun, die Balance zu halten oder wiederzufinden. Sie können zum Beispiel ein Ziel an die eigenen Werte anpassen oder Beliefs, die Sie beim Erreichen eines Ziels behindern, verändern.

Sich mit der eigenen Persönlichkeit – also den eigenen Werten, Zielen und Beliefs – auseinander zu setzen, ist eine wichtige präventive Maßnahme. Sie treiben Sport, um sich fit zu halten, Sie gehen zum Arzt, um körperliche Erkrankungen frühzeitig zu erkennen und behandeln zu können, Sie studieren oder machen eine Ausbildung, um einen gewinnbringenden Beruf ausüben zu können. Genauso wichtig ist die Prävention, wenn es um Ihre mentale oder psychische Gesundheit geht. Das ist die Grundidee von wertorientierter Führung: Sie berücksichtigen als Führungskraft die Persönlichkeit Ihrer Mitarbeitenden.

Als Führungskraft richten Sie Ihr Handeln selbstverständlich an den Zielen des Unternehmens aus, und bringen diese in Einklang mit Ihren persönlichen Zielen und den persönlichen Zielen Ihrer Mitarbeitenden. Auch zugrunde liegende Beliefs berücksichtigen Sie in Ihrem Führungsverhalten, wenn Sie z. B. die Leistungsfähigkeit Ihrer Mitarbeitenden in den Blick nehmen, und deren Fähigkeiten fördern und fordern. Wertorientierte Führung betont die Relevanz von Werten als dritten Aspekt der Persönlichkeit und damit als dritten Aspekt für erfolgreiche Führung.

2.5 Universelle Werte nach Schwartz

Der Sozialpsychologe Shalom H. Schwartz geht in seiner Theorie der universellen Werte davon aus, dass es 10 Grundwerte gibt, mit denen sich das individuelle Wertesystem jedes Menschen beschreiben lässt (Schwartz 1994). Mittlerweile gibt es eine überarbeitete Version der Theorie mit 19 Grundwerten (Schwartz et al. 2012). Schwartz beschreibt Werte als Ziele und als „etwas Wünschenswertes", das beeinflusst, wie Menschen bestimmte Handlungen auswählen, andere Menschen und ihre Umwelt bewerten, und wie sie die eigenen Aktivitäten und Bewertungen erklären. Die Grundwerte fassen einzelne Werte und die damit verbundenen übergeordneten, umfassenden Ziele zusammen und beschreiben die Grundbedürfnisse von Menschen. Um seine Theorie zu überprüfen hat Schwartz zwischen 1988 und 1992 zahlreiche Studien in über 40 Kulturen durchgeführt. Befragt hat er in der Regel Lehrpersonen und Studierende, die beantworten sollten, welche Werte Bedeutung für das eigene Leben haben. Als Ergebnis seiner Studien hat Schwartz zehn Grundwerte formuliert, mit denen sich das individuelle Wertesystem von Menschen auf der ganzen Welt beschreiben lässt. Ob Schwartz mit seiner Annahme der universellen Werte recht hat, ist empirisch nicht eindeutig geklärt. Eine repräsentative Studie aus dem Jahr 2002 mit über 40.000 Befragten aus 21 Ländern in Europa konnte die von Schwartz postulierte Werte-Struktur nicht replizieren. Dennoch handelt es sich um ein nützliches Instrument, um über die eigenen Werte zu reflektieren.

Die zehn Grundwerte nach Schwartz

- Selbstbestimmung (Self-Direction): Ich bin frei, kreativ und neugierig und ich respektiere mich selbst.
- Stimulation: Mein Leben ist aufregend und abwechslungsreich.
- Genuss/Hedonismus: Ich genieße das Leben.
- Leistung: Ich bin erfolgreich, intelligent und einflussreich.
- Macht: Ich bin anerkannt und genieße Autorität.
- Sicherheit: Ich fühle mich geborgen und sicher.
- Konformität: Ich bin diszipliniert und höflich.
- Tradition: Ich bin bescheiden und respektiere Traditionen.
- Humanismus/Benevolenz: Ich bin hilfsbereit und verantwortungsbewusst.
- Universalismus: Ich bin weltoffen und setze mich für Soziale Gerechtigkeit ein.

Im Abschn. 4.1 stelle ich Ihnen einen Fragebogen vor, mit dem Sie auf Basis der universellen Werte nach Schwartz ein Werteprofil erstellen können. Dieses Werteprofil dient zunächst dazu, Ihre eigenen Werte kennen zu lernen und deren Veränderung über die Zeit zu entdecken. In einem nächsten Schritt können Sie das Profil nutzen, um die Werte Ihrer Organisation oder Ihrer Mitarbeitenden zu analysieren.

3 Praxiswissen: Führen mit Werten – Wie Sie Generation Y führen

Im Kap. 2 habe ich Ihnen wertorientierte Führung als Lösung für die Anforderungen der Digital Natives der Generation Y an Unternehmen und Führungskräfte vorstellt. Der Fokus auf die Werte einer Person ist ein wirksames Instrument, um die Arbeitsmotivation und die Arbeitszufriedenheit zu fördern, leistungsfähige Mitarbeitende im Unternehmen zu halten und Konflikte zielführend zu lösen. Dabei gehe ich davon aus, dass wertorientierte Führung Mitarbeitenden der Generation Y in besonderem Maß zugute kommt, da diese für die Passung der eigenen Werten zur Arbeitstätigkeit sensibilisiert sind. Was bedeutet wertorientierte Führung konkret? Im Kap. 3 stelle ich fünf zentrale Aspekte wertorientierter Führung vor.

3.1 Die eigenen Werte kennen und leben

Dieser Aspekt bezieht sich auf Ihre Glaubwürdigkeit und Authentizität als Führungskraft. Die Mitarbeitenden der Generation Y erwarten von Ihnen, dass Sie sich als Führungskraft entsprechend Ihrer eigenen Ideale, Erwartungen und Vorgaben verhalten, insbesondere wenn diese klar kommuniziert sind z. B. in Mission Statements oder internen Regeln. Das bezieht sich zum einen auf die praktische Gestaltung der Zusammenarbeit und Kommunikation in Ihrem Team oder Ihrer Organisation. Fordern Sie Punktlichkeit ein, kommen aber selbst ständig zu spät? Wünschen Sie sich konstruktives Feedback und erwarten innovative Ideen, haben aber selbst Schwierigkeiten andere Meinungen zu hören und stehen zu lassen? Zum anderen geht es um Ihre Vorbildfunktion als Führungskraft. Leben Sie die Offenheit und Kooperationsfähigkeit, die Sie von Ihren Mitarbeitenden einfordern? Wie gehen Sie mit eigenen Fehlern um? Wie reagieren Sie auf Frust und Ärger? Wie steht es um Ihre Work-Life-Balance? Bei den Mitarbeitenden der

J. Moskaliuk, *Generation Y als Herausforderung für Führungskräfte*, essentials, DOI 10.1007/978-3-658-13400-6_3

Generation Y sind Sie nicht automatisch aufgrund Ihres Status als Chef oder Chefin eines Teams oder eines Unternehmens als Führungskraft akzeptiert. Sie müssen Ihre Kompetenzen als Führungskraft deshalb nicht nur an den betriebswirtschaftlichen Erfolgen messen lassen, sondern auch an der Anerkennung durch die Mitarbeitenden. Auch Ihre fachlichen Kompetenzen wird die Generation Y kritisch hinterfragen und einfordern, dass Sie Entscheidungen, Vorgaben und Arbeitsaufträge begründen und erklären. Wertorientierte Führung bedeutet, die eigenen Werte, Ideale und Erwartungen zu reflektieren und mit der Wirklichkeit abzugleichen, und die Anforderungen zu analysieren, die innerhalb der Organisation z. B. von Ihren Vorgesetzten oder Ihren Kunden an Sie als Führungskraft gestellt werden. Nur wenn Sie die eigenen inneren Werte kennen, können Sie kongruent, d. h. in Übereinstimmung mit Ihren eigenen Werten führen. Die Methoden, die ich Ihnen in Kap. 4 vorstelle, unterstützen Sie dabei, die eigenen Werte zu identifizieren. Das ist die Voraussetzung für wertorientierte Führung. Gleichzeitig wird hier das Spannungsverhältnis zwischen wertorientierter Führung auf der einen Seite, und betriebswirtschaftlichen Anforderungen an Führungskräfte auf der anderen Seite deutlich. Das ist insbesondere dann eine Herausforderung, wenn Entscheidungen zu treffen sind, die bei den Mitarbeitenden Widerstand oder Ängste auslösen, z. B. im Rahmen von Change-Prozessen. Mitarbeitenden der Generation Y werden auch dann von Ihnen erwarten, dass Sie zu Ihren eigenen Werten stehen, und Entscheidungen offen kommunizieren und diskutieren.

3.2 Werte der Mitarbeitenden beachten und adressieren

In einer Organisation haben Sie es mit vielen unterschiedlichen Menschen zu tun. Unterschiedliche Generationen, unterschiedliche Kulturen, unterschiedliche Erfahrungen bedingen unterschiedliche Werte-Systeme. Diese Diversität müssen Sie als Führungskraft berücksichtigen. So wird ein Mitarbeiter, für den die Werte *Regelkonformität* und *Persönliche Sicherheit* ein große Rolle spielen, von Ihnen als Führungskraft etwas anderes erwarten als eine Mitarbeiterin für die die Werte *selbstbestimmtes Handeln* und *Macht* wichtig sind. Während der eine klare Regeln und Vorgaben erwartet, möchte die andere genügend Freiheiten, um eigene Ideen und Vorstellungen umsetzten zu können. Es gibt nicht den idealen Führungsstil oder das ideale Führungsverhalten. Als Führungskraft müssen Sie für eine wertorientierte Führung die unterschiedlichen Werte-Systeme Ihrer Mitarbeitenden erkennen. Werden Werte Ihrer Mitarbeitenden dauerhaft verletzt, werden die betroffenen Personen nicht leistungsfähig sein. Ihr Team oder Ihre

Organisation nutzt dann nicht das ganze Potenzial der Mitarbeitenden oder verliert auf die Dauer die besten Mitarbeitenden. Auch Konflikte sind oft ein Hinweis auf verletzte Werte. Sie können die Arbeitsfähigkeit eines Teams oder einer Organisation als Ganzes gefährden. Im Gegensatz zu konstruktiven Konflikten, die zu neuen Ideen führen und das Team voranbringen können, wirken sich insbesondere Verteilungskonflikte (in denen z. B. über räumliche oder finanzielle Ressourcen gestritten wird) oder Beziehungskonflikte (in denen keine echte Sachfrage mehr zu lösen ist) langfristig auf den Erfolg eines Teams und damit der ganzen Organisation aus. Wenn die an einem solchen Konflikt beteiligten Mitarbeitenden unterschiedliche Werte haben, dann fällt die Kommunikation untereinander und mit Ihnen als Führungskraft besonderes schwer. Hier sind Sie als Führungskraft gefragt und müssen Konflikte, vor allem, wenn sie verdeckt ablaufen, erkennen, ansprechen und Lösungen erarbeiten. Oft geht es nicht um Sachthemen, sondern um unterschiedliche Werte, die für Wahrnehmen, Handeln und Entscheiden relevant sind. So wird eine Mitarbeiterin, für die die Werte *Sicherheit* und *Stabilität* eine große Rolle spielen, nur schwer mit der kreativen und sprunghaften Arbeits- und Kommunikationsweise eines Kollegen zu Recht kommen, für den die Werte *Stimulation* und *Selbstbestimmtes Handeln* wichtig sind. Auch wenn Ihre Mitarbeitenden im Blick auf das gemeinsame Ziel nicht zu einer Einigung kommen, oder die Verhandlung unterschiedlicher Lösungen nicht erfolgreich ist, sollten Sie als Führungskraft eingreifen. Um die Funktionsfähigkeit der Organisation zu erhalten, müssen Sie als Führungskraft entscheiden, ob Ihre Mitarbeitenden einen Konflikt lösen können, oder Sie als Führungskraft gefordert sind. Sie sollten als Führungskraft die unterschiedlichen Werte Ihre Mitarbeitenden als entscheidende Einflussfaktoren berücksichtigen. Dafür müssen Sie zuhören und nachfragen, um die Unterschiedlichkeit Ihrer Mitarbeitenden verstehen zu können.

3.3 Rahmenbedingungen für Kooperation schaffen

Komplexe Aufgaben lassen sich nur im Team lösen. Der Erfolg Ihres Teams oder Ihres Unternehmens hängt davon ab, ob Ihre Mitarbeitenden zielführend miteinander kooperieren. Nur wenn unterschiedliches Wissen, unterschiedliche Erfahrungen, unterschiedliche Blickwinkel und Einstellungen aufeinandertreffen, verhandelt werden, und sich gegenseitig befruchten, sind innovative Lösungen und deren erfolgreiche Umsetzung möglich. Hier wird die Bedeutung von Diversität deutlich: Wenn unterschiedlichen Werte-Systeme aufeinandertreffen, entsteht Raum für Innovation und Kreativität. Als Führungskraft sollten Sie die Kooperation der Mitarbeitenden untereinander deshalb einfordern und immer wieder klarmachen, dass Zusammenarbeit die Voraussetzung für Erfolg ist – und auch als Führungskraft Kooperationsfähigkeit vorleben. Wertorientierte Führung bedeutet, diverse Werthaltungen nicht nur wahrzunehmen, sondern auch als Bedingung für den Erfolg eines Teams zu fördern. Schon bei der Auswahl von Mitarbeitenden ist die Frage nach der Kooperationsfähigkeit zentral. Das bezieht sich zum einen auf die Kompetenz, mit anderen Menschen zusammenarbeiten zu können, eigenes Wissen zu teilen und gemeinsam eine Lösung zu erarbeiten, nimmt aber auch motivationale Aspekte in den Blick. Möchte eine Mitarbeiterin tatsächlich mit anderen zusammenarbeiten? Ist ein Mitarbeiter in der Lage die unterschiedlichen Werte andere Menschen nicht als Gefahr, sondern als Chance zu begreifen. Außerdem müssen Sie als Führungskraft die Rahmenbedingungen für Kooperation beachten: Sind die Arbeitsaufgaben so gestellt, dass Kooperation notwendig und zielführend ist? Sind die Belohnungs- und Gehaltsstrukturen auf Kooperation ausgerichtet, oder werden Einzelkämpfer belohnt? Sind die zeitlichen und räumlichen Voraussetzungen gegeben, damit Kooperation möglich ist? Lässt Ihr Führungsstil unterschiedliche Werthaltungen zu und fördert diese?

3.4 Direktes und wertschätzendes Feedback geben

Als Führungskraft sind Sie für die Entwicklung Ihrer Mitarbeitenden verantwortlich. Das bezieht sich zum Einen auf fachliche Aspekte, also z. B. die Frage, ob eine Mitarbeiterin einer Arbeitsaufgabe gewachsenen ist, oder weitere Kompetenzen notwendig sind, die durch Weiterbildungen oder Trainings erworben werden können. Zum anderen geht es um soziale, kommunikative und persönliche Kompetenzen. Das betrifft auch die Frage, ob die Mitarbeitenden in einem Team zueinander passen, sich ergänzen und gut zusammenarbeiten können. Wertorientierte Führung bedeutet, Feedback zu geben, und dabei die in Individualität der Mitarbeitenden ernst zu nehmen. Eine wichtige Aufgabe für Führungskräfte ist deshalb, regelmäßig Gespräche mit Mitarbeitenden zu führen, Arbeitsleistung zu bewerten, Entwicklungsmöglichkeiten zu identifizieren und diese dann auch anzustoßen. Die Mitarbeitenden der Generation Y erwarteten von Ihnen, ein ehrliches und wertschätzendes Feedback. Formale Bewertungsprozesse wie z. B. standardisierte Mitarbeitergespräche sind dafür in der Regel ungeeignet. Es geht vielmehr um direktes Feedback, das selbstverständlicher Bestandteil der täglichen Arbeit ist. Es sollte zeitnah möglich sein, und in direktem Zusammenhang mit der Arbeitsleistung stehen. Die Mitarbeitenden der Generation Y scheuen nicht davor zurück, auch Ihnen als Führungskraft Rückmeldung zu geben und erwarten, dass dieses Feedback gehört und ernst genommen wird. Wenn das nicht möglich ist, nutzen die Mitarbeitenden der Generation Y Arbeitgeberbewertungsplattformen im Internet oder andere Social Media Plattformen um Sie oder Ihr Unternehmen zu bewerten.

3.5 Erreichbar sein und Entscheidungen transparent machen

Als Führungskraft müssen Sie die Zukunft Ihrer Organisation im Blick behalten. Der Erfolg Ihrer Organisation hängt nicht nur von den inneren Voraussetzungen ab, also z. B. von effizienten Prozesse oder kooperativ arbeitenden Teams, sondern auch von den Anforderungen des Marktes.

Als Führungskraft müssen Sie sich ständig fragen, ob die Lösungen, die Sie für Ihre Kunden zu bieten haben, vorhandene Probleme lösen. Die Wünsche und Bedürfnisse, die Ihre Kunden haben, ändern sich ständig und sind auch von gesellschaftlichen und politischen Entwicklungen abhängig. Wenn Sie diese Entwicklungen verschlafen, können Sie keine angemessene Reaktion darauf planen und umsetzen. Um die Zukunftsfähigkeit zu sichern, müssen Sie als Führungskraft deshalb auch die Konkurrenz im Blick haben, um notwendige Veränderungen rechtzeitig einleiten zu können und notwendige Entscheidungen treffen zu können. Das Vertrauen in die Leistungsfähigkeit Ihrer Organisation bezieht sich dabei zuerst auf Ihre Kunden. Sie können als Organisation nur so lange erfolgreich sein, wie der Markt auf Ihre Lösungen vertraut. Dafür brauchen Sie aber notwendigerweise auch das Vertrauen der Mitarbeitenden in die Marktfähigkeit der eigenen Organisation und damit in Ihre Führung. Das wird nur gelingen, wenn Sie transparent und offen, und gleichzeitig überzeugt kommunizieren. Wertorientierte Führung bedeutet deshalb, die Kommunikation mit Ihren Kunden und Ihren Mitarbeitenden als zentrale Führungsaufgabe zu verstehen. Sie müssen als Führungskraft erreichbar sein für Ihre Mitarbeitenden (und Ihre Kunden) um deren unterschiedliche Werte-Systeme wahrnehmen. Nur so wird es gelingen, Produkte und Dienstleistungen zu entwickeln und zu vermarkten, die wirklich gebraucht werden. Das bezieht sich auf den Aspekt des Zuhörens, den ich oben schon genannt habe. Die Generation Y erwartet, dass Führungskräfte ansprechbar sind und Fragen, Ideen, Verbesserungsvorschläge oder Probleme hören und ernst nehmen. Gleichzeitig geht es aber auch um die Kommunikation von Entscheidungen nach außen (an Ihre Kunden) und nach innen (an Ihre Mitarbeitende). Entscheidungen müssen transparent und nachvollziehbar sein. Die Mitarbeitenden der Generation Y erwarten, in Entscheidungen einbezogen oder zumindest informiert zu sein.

Tools für wertorientierte Führung und Kommunikation

4

Im Kap. 3 habe ich Ihnen grundlegende Aspekte wertorientierter Führung vorgestellt. Im Kap. 4 lernen Sie konkrete Werkzeuge und Methoden für die Praxis kennen. Dabei richte ich mich zum einen an Trainerinnen und Trainer oder Coaches, die mit Führungskräften zum Thema Werte und wertorientierte Führung arbeiten. Zum anderen sind die vorstellten Werkzeuge und Methoden auch für das Selbstcoaching oder die Reflexion über das eigene Führungsverhalten einsetzbar. Als Führungskraft können Sie die in diesem Kapitel vorgestellten Ideen also direkt ausprobieren.

4.1 Werte analysieren mit dem Werte-Fragebogen

In diesem Tool arbeiten Sie mit einem Fragebogen zu den 10 universellen Grundwerten (siehe Abb. 4.1). Sie finden zu jedem der universellen Grundwerte jeweils fünf Aussagen. Füllen Sie den Fragebogen aus und entscheiden Sie bei jeder Aussage, ob diese auf Sie persönlich zutrifft oder nicht.

Für jede Aussage, die Sie angekreuzt haben, vergeben Sie einen Punkt. Dann zählen Sie zusammen, wie viele Aussagen pro Wert Sie angekreuzt hat. So können Sie aus den Ergebnissen ein Werteprofil erstellen. Bei 5 Punkten für einen Wert setzen Sie auf dem äußersten Kreis ein Kreuz, bei 4 Punkten auf dem zweiten von außen … und so weiter. Zum Schluss können Sie die Kreuze miteinander verbinden, um ein Werte-Profil zu erhalten.

► Unter ichraum.de/werteanalyse finden Sie eine Vorlage des Fragebogens und der Auswerte-Grafik zum Ausdrucken. Außerdem gibt es dort eine digitale Version des Fragebogens, die Sie am Bildschirm ausfüllen können. Im Anschluss können Sie die Ergebnisse grafisch aufbereitet herunterladen.

J. Moskaliuk, *Generation Y als Herausforderung für Führungskräfte*,
essentials, DOI 10.1007/978-3-658-13400-6_4

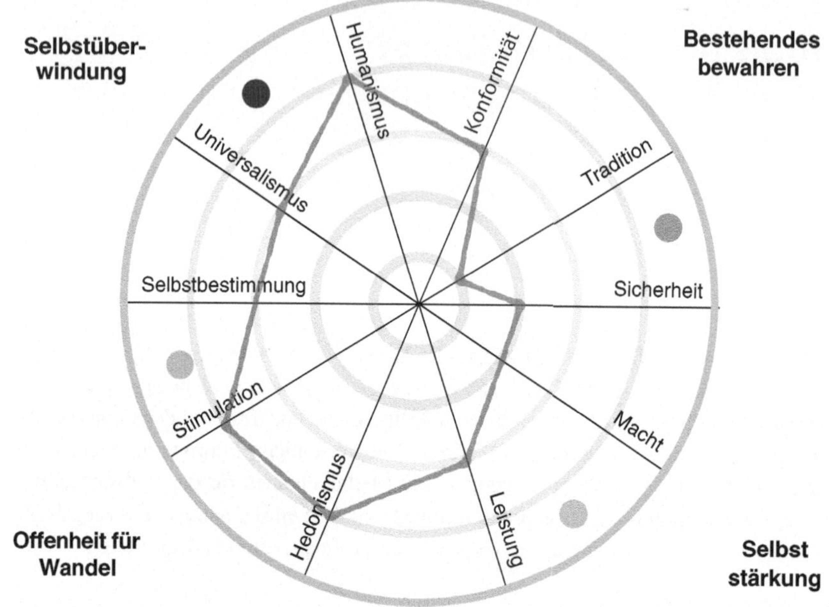

Abb. 4.1 Ihr individuelles Werteprofil zeigt, welche Werte Ihnen wichtig sind

Schauen Sie sich Ihr Werteprofil an. Sie können sich auch mit anderen Personen austauschen. Nutzen Sie die folgenden Fragen, um über das Ergebnis zu reflektieren.

- Welches ist der Wert mit der höchsten Punktzahl?
- Welcher Wert hat am wenigsten Punkte erhalten?
- Passt das Ergebnis zu ihrer Erwartung?
- Welche Werte fehlen ihnen in der Liste?

Im Folgenden finden Sie alle Fragen des **Wertefragebogens** zu den zehn universellen Grundwerten.

Selbstbestimmung

- Ich möchte unabhängig denken und handeln.
- Ich möchte selbst entscheiden können.
- Ich möchte neue Ideen entwickeln und kreativ sein.

- Ich bin frei und unabhängig.
- Ich mache Sachen auf meine eigene, originelle Art und Weise.

Stimulation

- Ich mag Überraschungen.
- Ich halte stets Ausschau nach neuen Aktivitäten.
- Mir ist Abwechslung wichtig.
- Ich möchte Abenteuer und gehe dafür Risiken ein.
- Ich möchte ein aufregendes Leben haben.

Genuss/Hedonismus

- Ich gönne mir selbst gerne etwas.
- Ich lasse keine Gelegenheit aus, Spaß zu haben.
- Es ist mir wichtig, Dinge zu tun, die mir Spaß machen.
- Genuss nimmt einen wichtigen Stellenwert in meinem Leben ein.
- Ich möchte genießen mit allen Sinnen.

Leistung

- Ich möchte meine Fähigkeiten zeigen.
- Ich möchte von anderen Menschen bewundert werden.
- Es ist mir wichtig, erfolgreich zu sein.
- Ich möchte, dass meine Leistungen von Anderen anerkannt werden.
- Andere schätzen meine Kompetenz.

Macht

- Ich möchte andere Menschen zum Erfolg führen.
- Ich wäre gerne reich.
- Ich möchte von Anderen respektiert werden.
- Ich bin ein eher dominanter Mensch.
- Es tut mir gut, wenn Andere auf mich hören.

Sicherheit

- Ich möchte in einem sicheren Umfeld leben.
- Ich vermeide alles, was meine Sicherheit gefährden könnte.

- Ich fühle mich gut, wenn Andere sich um meine Sicherheit kümmern.
- Eine stabile Gesellschaft ist mir sehr wichtig.
- Geborgenheit bedeutet für mich, sich sicher zu fühlen.

Konformität

- Menschen sollten tun, was man ihnen sagt.
- Es ist mir wichtig, mich korrekt zu verhalten.
- Ich halte mich an vorgegebene Regeln.
- Ich vermeide es, Dinge zu tun, die Andere für falsch halten könnten.
- Eine Gesellschaft funktioniert nur, wenn soziale Regeln von allen befolgt werden.

Tradition

- Mir ist Tradition wichtig.
- Ich halte mich gerne an Sitten und Gebräuche.
- Ich möchte gerne bescheiden und zurückhaltend sein.
- Ich versuche, die Aufmerksamkeit nicht auf mich zu lenken.
- Solidarität und Gemeinsamkeit sind wichtig für eine Gesellschaft.

Humanismus/Benevolenz

- Mir ist wichtig, mich um die Menschen um mich herum zu kümmern.
- Ich bin Freunden gegenüber loyal.
- Ich setze mich für Menschen ein, die mir nahe stehen.
- Hilfsbereitschaft und Ehrlichkeit sind mir wichtig.
- Ich übernehme gerne Verantwortung für Andere.

Universalismus

- Mir ist wichtig, dass alle Menschen gleich behandelt werden.
- Jeder Mensch sollte die gleichen Chancen haben.
- Mir ist Umweltschutz wichtig.
- Ich höre gerne Menschen zu, die anders sind als ich.
- Mir ist wichtig, die Meinung Anderer zu verstehen und zu respektieren.

Im nächsten Schritt können Sie den Fragebogen bzw. die zugrunde liegenden Werte nutzen, um einzuschätzen, welche inneren Werte für eine Person

(z. B. Ihre Mitarbeitenden) wichtig sind, oder welche äußeren Werte in Ihrem Umfeld (z. B. für die Organisation, in der Sie arbeiten) wichtig sind. Diese Einschätzung bleibt immer subjektiv und muss nicht den tatsächlichen Werten entsprechen, die für andere Personen wichtig sind. Die Reflexion über die eigenen Werte und die Werte anderer Personen kann Ihnen aber dabei helfen, Konflikte zu verstehen und zu lösen. Im Abschn. 5.2 stelle ich Ihnen eine ausführliche Methode für diese Idee vor.

4.2 Führungsrollen reflektieren

Begriff *Rolle* stammt aus dem Theater: Schauspielerinnen und Schauspieler spielen eine Rolle. Sie stellen eine Figur dar, indem sie deren Verhalten übernehmen und gestalten. In der Sozialpsychologie wird der Begriff Rolle oder soziale Rolle verwendet, um eine bestimmte Position, einen Status oder ein Verhaltensmodell zu beschreiben. Rollen sind vom sozialen Umfeld bzw. von der Gesellschaft abhängig. Mit einer Rolle sind bestimmte Erwartungen an Verhalten, Handlungen und Werte verbunden. In Abhängigkeit von der Rolle, die Sie einnehmen, kommen also unterschiedliche Werte zum Tragen. Jeder Mensch hat zahlreiche Rollen, die stark vom Kontext abhängen. In der Familie nimmt eine Person typischerweise andere Rollen ein als in ihrem Berufsleben. Auch bei der Führung kommen unterschiedliche Rollen vor. Tatsächlich sind die Ansprüche an die Anzahl und Flexibilität der Rollen bei einer Führungskraft noch höher als bei den Mitarbeitenden. Jemand in leitender Position soll beispielsweise empathisch und persönlich auf die Bedürfnisse der Angestellten eingehen, etwa beim Schlichten von Konflikten. Gleichzeitig muss das Unternehmen mit einem zukunftsorientierten Blick geführt werden, der Innovation ermöglicht. Und natürlich wird auch fachliche Expertise erwartet. Das sind nur einige Beispiele für die Rollen einer Führungskraft, die Liste ist unbegrenzt.

Im Folgenden beschreibe ich drei zentrale Führungsrollen die Sie nutzen können, um Ihr eigenes Führungsverhalten zu reflektieren und weiterzuentwickeln, und die mit den einzelnen Rollen verbundenen Werte zu klären. Dahinter steht die Idee, dass es kein richtig oder falsch gibt in Bezug auf Führungsverhalten. Eine gute Führungskraft muss situativ führen. Das bedeutet: Wertorientierte Führung und Effiziente Kommunikation hängen von der Person ab, mit der Sie kommunizieren, und von Ihrer Zielsetzung als Führungskraft. Mit Führungsrollen ordnen Sie dem aktuellen Kontext eine angemessene Reaktion zu und verhalten sich in ähnlichen Kontexten konsistent, schlüssig und fair. Ich stelle Ihnen im Folgenden

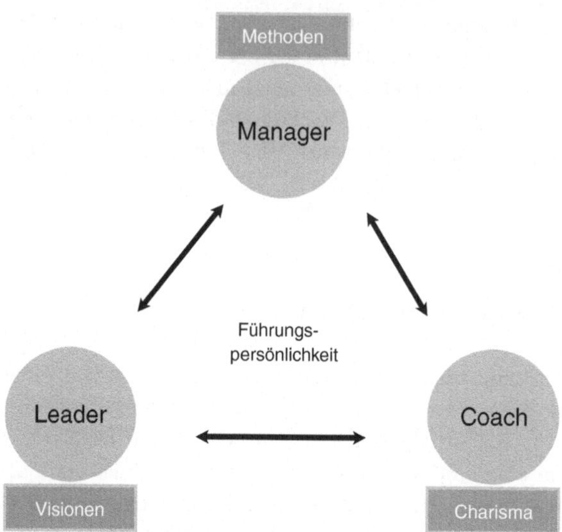

Abb. 4.2 Die drei Führungsrollen Manager, Leader und Coach sind Voraussetzung für effiziente Führung

drei zentrale Rollen vor, die sich in der Arbeit mit Führungskräften bewährt haben (siehe Abb. 4.2).

Manager In der Rolle des Managers benutzen Sie *Methoden,* um zum Ziel zu kommen. Sie wenden Ihre fachliche Expertise an. Der Manager geht klar und strukturiert vor. Sie haben ein eindeutiges und messbares Ziel vor Augen (zum Beispiel: Produktionskosten um 1 % senken) und müssen nur noch die richtigen Mittel und Wege herausfinden, um dieses Ziel zu erreichen. Sie machen den Mitarbeitenden klare Vorgaben und überprüfen, ob die Ziele erreicht werden können. Hier spielen Werte wie Macht, Sicherheit und Leistung eine wichtige Rolle.

Coach Als Coach nehmen Sie eine beratende und begleitende Rolle ein. Der Fokus liegt auf dem Prozess, und nicht auf dem Ergebnis. Ihr Ziel ist es, die Mitarbeitenden dabei zu unterstützen, das eigene Potenzial zu entwickeln und selbstständig Lösungen zu finden. Als Coach sind Sie immer dann gefragt, wenn es um *Kommunikation* geht. Sie schlichten, motivieren, greifen bei persönlichen Problemen der Mitarbeitenden ein und geben ihnen Raum für die eigene Entwicklung. Hier spielen Werte wie Humanismus/Benevolenz und Universalismus eine wichtige Rolle.

Leader Als Leader entwerfen Sie *Visionen* für Ihr Unternehmen und arbeiten am Großen Ganzen. Hier geht es darum, die gemeinsamen Werte des Unternehmens oder der Organisation transparent zu machen und das „große Ganze" im Blick zu behalten. Ihre Ziele als Leader sind weniger greifbar als die des Managers (z. B. Service-orientiertes Unternehmen oder nachhaltiges Design). In der Rolle Leader geben Sie auch die übergeordneten Ziele für die Rollen Manager und Coach vor. Dafür benötigen Sie insbesondere Kreativität. Hier spielen Werte wie Stimulation und Genuss eine große Rolle.

Ein großes Problem für viele Führungskräfte ist die fehlende Balance zwischen den Rollen. Vielleicht haben Sie reichlich Visionen vom Leader, doch keiner weiß, wie die tollen Ideen umgesetzt werden können. Es fehlt das strukturierte Vorgehen des Managers. Achten Sie also darauf, alle drei Rollen einzusetzen und zu analysieren, wo Sie Entwicklungsbedarf haben. Oder Sie sind Manager und kommunizieren effizient. Dann fehlt Ihnen vielleicht der Blick fürs Große Ganze und das Charisma, Ihre Mitarbeitenden zu motivieren.

▶ **Coaching-Übung:** Sie können die drei Rollen nutzen, um Ihr Führungsverhalten zu reflektieren. Denken Sie an ein schwieriges Gespräch, das Sie in den letzten Tagen mit einem Mitarbeiter oder einer Mitarbeiterin geführt haben oder denken Sie an eine andere Führungssituation, die Sie reflektieren möchten.

- Worum ging es? Was war Ihr Anliegen?
- Wie haben Sie reagiert? Was haben Sie gesagt?
- Wie war die Reaktion Ihres Gegenübers?
- Welche der drei Führungsrollen haben Sie dabei eingenommen?
- Welche alternative Reaktion hätte sich aus einer anderen Führungsrolle ergeben?
- Welche anderen Lösungen fallen Ihnen ein?
- Welche Rolle liegt Ihnen besonders?
- Wo gibt es noch Entwicklungspotenzial?
- Welche Rollen sind in dem Team, in dem Sie arbeiten besonderes häufig vertreten?

5 Werte-Coaching und Personalentwicklung

Werte können sich über die Zeit verändern. Denn Werte sind keine stabilen und überdauernden Eigenschaften unserer Persönlichkeit. Insbesondere wenn sich die äußeren Bedingungen verändern, verändern sich oft auch die eigenen Werte, oder die Hierarchie der Werte. Werte beeinflussen Wahrnehmen, Denken, Fühlen und Verhalten. Wer die eigenen Werte entdeckt, versteht sich selbst besser. Und: Werte sind Bewertungen der Wirklichkeit und sie filtern unsere Wahrnehmung. Die Arbeit an und mit den eigenen Werten ist deshalb eine wirkungsvolle Methode, um Verhalten zu verändern. In diesem Kapitel stelle ich Ihnen Methoden vor, die Sie als Coach gemeinsam mit Führungskräften einsetzten können. Während die Werkzeuge und Methoden in Kap. 4 sich gut für das Selbstcoaching eignen, entfalten die im Kap. 5 vorgestellten Ideen erst ihr volles Potenzial, wenn Sie in einen professionellen Coaching-Prozess eingebunden sind. Für die zielführende Anwendung benötigen Sie deshalb entsprechende Coaching-Kompetenz und Erfahrung. Im folgenden Text verwende ich deshalb die Begriff Coach und Coachee.

5.1 Werte in Balance: Das Werte-Quadrat nach Schulz von Thun

Wenn ein Coachee versteht, mit welcher Brille er die Welt betrachtet, dann hat er auch die Möglichkeit, sich eine andere Brille zu suchen, wenn das sinnvoll ist. Eine Möglichkeit dafür ist das Werte-Quadrat, das Schulz von Thun entwickelt hat. Jeder Wert hat immer einen Gegenwert. Wie ein Gewicht auf einer Waage beeinflussen sich diese beiden Werte gegenseitig. Das zeigt das folgende Beispiel: *Herrn Müller ist es wichtig, dass alles genau geplant und gut vorbereitet ist.*

J. Moskaliuk, *Generation Y als Herausforderung für Führungskräfte*,
essentials, DOI 10.1007/978-3-658-13400-6_5

Er möchte das Leben im Griff haben und sicherstellen, dass es ihm und seinem Unternehmen gut geht. Der Wert Sicherheit steht für ihn an oberster Stelle. Frau Maier – seiner Geschäftspartnerin – ist es wichtig, spontan und unabhängig zu sein. Sie ist der kreative Kopf des Unternehmens und hat ständig neue Ideen. Der Wert Freiheit steht für sie an oberster Stelle.

Die beiden leiten gemeinsam ein Unternehmen. Wenn sie es schaffen, die Balance zwischen Freiheit und Sicherheit zu halten, können Sie sehr erfolgreich sein. Eine denkt unabhängig und kreativ, sie riskiert auch mal was. Der andere ist etwas zurückhaltender, bremst eher und rechnet lieber genau nach. Wenn es nicht gelingt, die Balance zwischen den Werten Freiheit und Sicherheit zu halten, dann sind Konflikte vorprogrammiert. Die beiden Werte Sicherheit und Freiheit hängen voneinander ab. Sie liegen auf den beiden Seiten einer Waage. Mehr Freiheit führt zu weniger Sicherheit, weniger Freiheit führt zu mehr Sicherheit. Tatsächlich ist es oft so, dass erst Wert und Gegenwert in Balance gebracht werden müssen, bis ein Unternehmen, ein Team, eine Partnerschaft oder eine Familie „gut funktioniert". Dann entfaltet sich das Potenzial, das in der Balance von Wert und Gegenwert liegt.

Wenn die Balance zwischen Wert und Gegenwert nicht stimmt, kann es zur Übertreibung eines Wertes kommen. Ein eigentlich positiver Wert wird übersteigert, und verkehrt sich ins Gegenteil. Aus Sicherheit kann Ängstlichkeit, Mutlosigkeit oder Erstarrung werden, wenn der Wert übertrieben wird. Aus Freiheit kann Unverantwortlichkeit, Maßlosigkeit oder Sprunghaftigkeit werden, wenn der Wert übertrieben wird. Das perfekte Maß für einen Wert hängt dabei vom Blickwinkel des Beurteilenden ab. Und: Die eigenen Werte bestimmen auch, ab wann ein Coache einen Wert als übertrieben bewertet. Daraus ergibt sich ein Quadrat, in das sich vier Werte eintragen lassen: Wert und Gegenwert und die jeweiligen Übertreibungen (siehe Abb. 5.1). Damit erkennt der Coachee auf einen Blick, welche Werte sich gegenseitig beeinflussen, um in Balance zu kommen.

Das Werte-Quadrat kann dabei helfen, Entwicklungspotenzial zu erkennen. Bleiben wir am Beispiel von oben. Herr Müller (für ihn ist der Wert Sicherheit wichtig) merkt, dass seine Ängstlichkeit ihn oft hemmt, Innovationen bremst und die Überlebensfähigkeit des Unternehmen am Markt gefährden kann. Die Zusammenarbeit mit Frau Maier ist für ihn deshalb oft anstrengend. Welche Entwicklungsmöglichkeiten bieten sich für Herrn Müller an? Diese lassen sich als Pfeil in das Quadrat einzeichnen.

- Einen Pfeil von Ängstlichkeit in Richtung Verantwortungslosigkeit bedeutet: Herr Müller versucht sich von einer Übertreibung hin zur nächsten zu entwickeln.

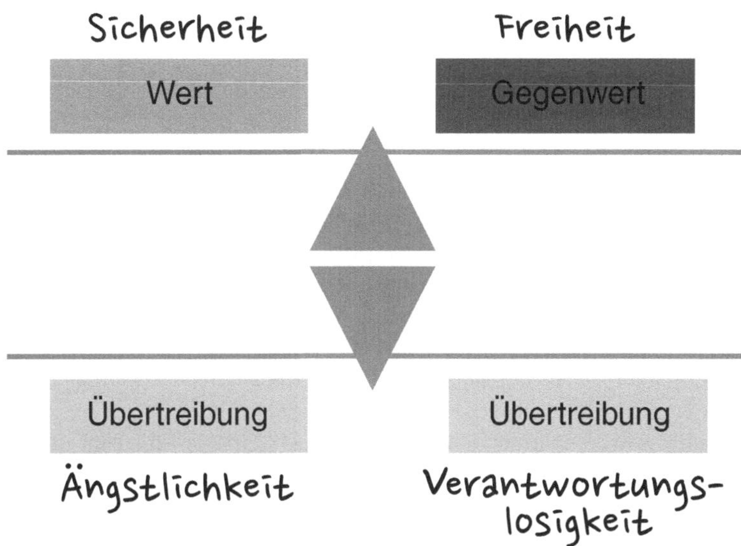

Abb. 5.1 Das Werte-Quadrat macht deutlich, welche individuellen Entwicklungsmöglichkeiten bestehen

- Einen Pfeil von Ängstlichkeit in Richtung Sicherheit ist eigentlich nicht nötig, denn vom Wert Sicherheit hat Herr Müller ohnehin schon genug.
- Im Pfeil von Ängstlichkeit Richtung Freiheit liegt das meiste Entwicklungspotenzial für Herrn Müller.

Und Frau Müller? Für sie ist der Wert Freiheit wichtig. Vielleicht heißt ihr Gegenwert Beständigkeit. Oder Sicherheit? Oder Rücksichtnahme? Die Werte-Quadrate sind nicht universell gültig, jeder Mensch hat seine eigenen Werte-Quadrate. Das Wertequadrat ist dabei zunächst auf individuelle (innere) Werte bezogen. Da Beispiel zeigt aber: Die Kommunikation und Zusammenarbeit mit Menschen, denen andere Werte wichtig sind als Ihnen, kann anstrengend und konflikthaft sein. Gleichzeitig liegt hier meiste Entwicklungspotenzial: Wenn individuelle Werte-Systeme in einem Team sich ergänzen, profitieren alle – und das ganze Unternehmen.

Friedemann Schulz von Thun hat das Werte- und Entwicklungsquadrat 1989 auf Basis der Überlegungen von Paul Helwig, einem Psychologen und Autor, entwickelt (Schulz von Thun 1989). Mit dem Werte-Quadrat haben Sie ein Werkzeug in der Hand, um einen Coachee dabei zu unterstützen, eigenes Verhalten zu verändern. Dazu erstellen Sie für einen der Werte oder für ein unerwünschtes Verhalten, das der Coachee verändern möchte, ein Werte-Quadrat. Die zentrale Idee am Werte-Quadrat ist: Jedem unerwünschten Verhalten liegt ein positiver Wert zugrunde. Wenn dieser zugrunde liegende Wert erkannt wird, entdeckt Ihr Coachee die positive Absicht, die hinter dem Wert steht und das mit diesem Wert verbundene Bedürfnis. Dann fällt es leichter, zu erkennen, welcher Gegenwert notwendig ist, um wieder in Balance zu kommen und die Übertreibung zu verstehen und zu verändern.

Werte können dazu beitragen, positive und negative Eigenschaften zu verstehen und im nächsten auch zu verändern. Schulz von Thuns Modell verwendet für den Begriff Übertreibung den noch stärkeren Begriff *Entwertende Übertreibung.* Die Übertreibung eines Wertes erleben viele Menschen als Entwertung des Wertes, und erleben Hilflosigkeit. Die Entwertung eines Wertes ist aus meiner Sicht ein zu starkes Wort, mit der Übertreibung eines Wertes ist trotzdem immer die eigentlich positive Absicht des Wertes verbunden, die durch seine Übertreibung nicht entwertet wird. Deshalb verzichte ich auf diesen Begriff.

▶ Unter ichraum.de/wertehierarchie finden Sie ein weiteres Coaching-Tool, um Werte zu explorieren. In dieser Übung überprüft Ihr Coachee: Welches ist mein wichtigster Wert, welcher kommt danach? Die eigenen Werte nach ihrer Bedeutung zu sortieren hilft dabei, besser zu verstehen, was wirklich wichtig ist.

5.2 Wertekonflikte verstehen und verändern

Wertekonflikte treten auf, wenn innere Werte in einem Lebensbereich oder in Bezug auf eine Fragestellung nicht zu den äußeren Werten, Gegebenheiten und Vorgaben passen. Ein Beispiel für einen Wertekonflikt ist, wenn für eine Führungskraft die Werte Beziehung und selbstbestimmtes Handeln eine zentrale Rolle spielen, in dem Unternehmen aber die Werte Macht und Regelkonformität große Bedeutung haben. Die äußeren Werte hängen immer vom konkreten Umfeld ab. Wertekonflikte treten meistens dann auf, wenn sich äußere Umstände verändern (z. B. ein neuer Job, eine neue Partnerschaft) oder wenn durch eine Veränderung oder persönliche Weiterentwicklung die inneren Werte nicht mehr zu den äußeren Werten eines bestimmten Kontexts passen (z. B. nach der Geburt eines Kindes, nach dem Abschluss eines Studiums oder einer Ausbildung, nach einer längeren Erkrankung).

Auch die inneren Werte einer Person sind vom jeweiligen Umfeld abhängig und werden von außen geprägt und beeinflusst. Die inneren Werte sind nicht in alle Lebensbereichen, Kontexten oder Fragen identisch. So kann z. B. im beruflichen Bereich der Wert Leistung eine große Rolle spielen, im privaten Bereich aber der Wert Harmonie. Werte sind, anders als Ziele, nicht direkt mit konkreten Verhaltensweisen verbunden. Aus einem bestimmten Verhalten (eigenes oder das von Anderen) kann nicht direkt auf die dahinterliegenden Werte geschlossen werden. Ganz im Gegenteil: In der Regel werden die eigenen Werte erst dann bewusst, wenn sie verletzt werden. Wenn Sie selbst (oder jemand Anderes) nicht Einklang mit Ihren Werte kommunizieren oder sich nicht so verhalten, wie es Ihren Werten (oder den Werten einer anderen Person) entsprechen würde.

Mit dem folgenden Coaching-Tool unterstützen Sie Ihren Coachee dabei, Wertekonflikte zu identifizieren und zu verstehen. Denn Wertekonflikte sind meistens nicht offensichtlich und transparent. Sie sind dem Coachee in der Regel nicht direkt zugänglich, sondern äußern sich durch Unzufriedenheit oder Stress im Bezug auf einen bestimmten Lebensbereich oder ein Thema. Bei einem Wertekonflikt beschreibt der Coachee, „dass etwas einfach nicht passt", ohne genau beschreiben zu können, woran es liegt. Auch Konflikte, bei denen es um Kleinigkeiten geht, oder bei denen später keiner mehr weiß, um was es eigentlich ging, haben oft mit unterschiedlichen Werten zu tun, die aufeinander prallen. Dieses Coaching-Tool eignet sich also für Fragestellungen, bei denen der Coachee besser verstehen möchte, um was es geht. Auch bei Entscheidungen geht es oft um Wertekonflikte. Dieses Coaching-Tool kann dazu beitragen, diese Entscheidungen (bzw. die dahinterliegenden Werte) zu verstehen. Das Ergebnis ist aber in der Regel noch keine konkrete Strategie oder Lösung der Entscheidung.

Im ersten Schritt explorieren Sie in Bezug auf welche Fragestellung bzw. in welchem Lebensreich der Coachee einen Wertekonflikt erlebt. Daraus ergeben sich zwei Systeme (Innen und Außen), zwischen denen der Wertekonflikt besteht. Diese können entsprechend benannt werden, z. B. „Ich als Chef" vs. „Das profitorientierte Unternehmen". Der Coachee beschreibt eine beispielhafte Situation, in denen der Wertekonflikt erkennbar wird. In diesen Situationen fühlt sich der Coachee unwohl oder verletzt, wird ärgerlich oder reagiert unangemessen, ist unzufrieden oder unglücklich, oder er erlebt sich als gestresst.

Im nächsten Schritt überlegt der Coachee zu jedem Grundwert in der folgenden Liste ein konkretes Beispiel. Die Liste ist eine Weiterentwicklung der 10 Grundwerte, die ich Ihnen oben bereits vorgestellt hatte. Ihr Coachee fragt sich bei jedem Wert: *Woran würde ein Beobachter merken, dass dieser Wert im Bezug auf die Fragestellung oder den Lebensbereich um den es geht, eine große Bedeutung hat.* Die Beispiele kann sich der Coachee ausdenken, sie müssen nicht der

Realität entsprechen. Die Beispiele sollen den jeweiligen Wert greifbar und konkret machen. Sie sollten aber zum Lebensbereich oder der Fragestellung passen, um die es geht.

- **Selbstbestimmt Denken:** die Freiheit haben, eigene Ideen und Fähigkeiten zu entwickeln
- **Selbstbestimmt Handeln:** die Freiheit haben, das eigene Handeln zu bestimmen
- **Stimulation:** auf der Suche nach Spannung, Abenteuer und Veränderung sein
- **Hedonismus:** Wert auf Genuss und Lebensfreude legen
- **Leistung:** Erfolg haben im Vergleich mit Anderen
- **Macht:** Kontrolle über Andere haben
- **Führung:** Einfluss auf materielle und soziale Ressourcen Anderer nehmen
- **Das Gesicht wahren:** auf die eigene Wirkung achten und sich nicht blamieren
- **Persönliche Sicherheit:** vermeiden, was einen selbst gefährden könnte
- **Gesellschaftliche Sicherheit:** Wert auf eine stabile und sichere Gesellschaft legen
- **Tradition:** kulturelle, familiäre oder religiöse Sitten pflegen und weitergeben
- **Regelkonformität:** sich an Regeln, Gesetze und Vorgaben halten
- **Bescheidenheit:** auch mit wenig zufrieden sein können
- **Harmonie:** vermeiden, Andere zu irritieren oder verletzen
- **Verantwortung:** für Nahestehende verlässlich und vertrauenswürdig sein
- **Mitgefühl:** sich um das Wohl Anderer kümmern
- **Universalismus:** sich für Gerechtigkeit und Gleichheit verantwortlich fühlen
- **Naturschutz:** die Natur bewahren
- **Toleranz:** offen für andere Menschen und Meinungen sein

Der Coachee überprüft dann, welche **inneren Werte** im Bezug auf die Fragestellung oder den Lebensbereich wichtig sind. Dazu entscheidet er für jeden Wert auf einer Skala von 1 (keine Bedeutung) bis 10 (hohe Bedeutung), welche Bedeutung der Wert hat. In diesem Schritt geht es also um die inneren Werte des Coachee. Dann werden die **äußeren Werte,** die im Lebensbereich bzw. in Bezug auf die Fragestellung (z. B. in einem Unternehmen, in einem Beruf oder bei einer Entscheidung) analysiert, die relevant sind. Auch hier entscheidet der Coachee für jeden Wert auf einer Skala von 1 (keine Bedeutung) bis 10 (hohe Bedeutung), welche Bedeutung der Wert für das äußere System hat.

Sie vergleichen in diesem Coaching-Tool also zwei Werte-Systeme, ein inneres und ein äußeres. Sie erarbeiten gemeinsam mit Ihrem Coachee Unterscheide und Gemeinsamkeiten. Dafür sollten Sie entsprechende Visualisierungsmethoden nutzen, z. B. in dem die Werte auf einem Tisch oder auf dem Boden sortiert werden.

Folgende Fragen können das Coaching-Gespräch leiten:

- Welche Werte sind innen und außen ähnlich?
- Welches sind die wichtigsten inneren Werte, welche die wichtigsten äußeren?
- Wo gibt es Unterschiede zwischen inneren und äußeren Werten?
- Welche dieser Unterschiede sind bedeutsam?
- Was ist dem Coachee durch das Sortieren der Werte klar geworden?
- Was würde sich verändern, wenn innere oder äußere Werte mehr oder weniger Bedeutung hätten?

▶ Unter www.ichraum.de/werte finden Sie eine Vorlage, mit der Sie Karten für die 19 Grundwerte erstellen können.

5.3 Das innere Team als Klärungshilfe

Die Idee des inneren Teams geht auf Schulz von Thun zurück, der sie 1998 publiziert hat (Schulz von Thun 1998). Ein ähnliches Konzept haben Hal und Sidra Stone unter dem Begriff *Voice Dialogue* entwickelt. Das Modell nutzt die Metapher eines Teams mit unterschiedlichen Persönlichkeiten, um mentale Prozesse greifbar zu machen. Das innere Team kann den Coachee dabei unterstützen, Widersprüche transparent zu machen, das Für und Wider von Entscheidungen zu durchdenken, innere Konflikte, eigene Werte und Bedürfnisse zu klären. Die Personifizierung einzelner Aspekte, Rollen, Lösungsmöglichkeiten oder Ideen erlaubt eine innere Teamsitzung und trägt zur Klärung bei. Der Coachee kann eine beobachtende Rolle einnehmen und die Ideen des inneren Teams als Anregungen nutzen, ohne direkt entscheiden oder handeln zu müssen. Wenn einzelne Teammitglieder bzw. deren Einschätzung handlungsleitend werden, ergeben sich daraus konkrete Rollen. Die inneren Teammitglieder können deshalb auch als Rollen oder Teile einer Persönlichkeit beschrieben werden. Das innere Team hilft dem Coachee dabei, sich über die eigenen inneren Werte klar zu werden, und widersprüchliche Werte wahrzunehmen und zu integrieren.

Die Arbeit mit dem inneren Team entfaltet dann besonders Potenzial, wenn sie als kreativer und spielerischer Prozess verstanden wird. Das Team kann je nach Fragestellung unterschiedlich zusammengesetzt sein. Die einzelnen Teammitglieder sind nicht als stabile Persönlichkeitsanteile, Eigenschaften, Gefühle oder Verhaltensweisen zu verstehen, sondern als Hilfe, eine Frage unter verschiedenen Gesichtspunkten zu betrachten, Widersprüche aufzudecken und neue Ideen zu generieren. Die einzelnen Teammitglieder repräsentieren dabei unterschiedliche innere Werte, die Wahrnehmung und Verhalten beeinflussen. Außerdem können einzelne Teammitglieder auch äußere Werte repräsentieren, die der Coachee übernommen hat und die für ihn handlungsleitend werden – oder zu Wertekonflikten führen. Das innere Team ist ein Bild für mentale Prozesse. Der Coachee selbst ist nicht Teil des inneren Teams, er ist die Führungskraft, der Dirigent, die Kanzlerin, der Moderator. Der Coachee kann sich die Meinungen, Ideen und Vorschläge der einzelnen Teammitglieder in Ruhe anhören, diese wertschätzen und dann eigenständig und unabhängig entscheiden. Die Rolle des Team-Chefs kann als zusätzliche Position ergänzt werden. Dann übernimmt der Coachee bewusst die Perspektive des inneren Team-Chefs – der dann auch Haltungen, Meinungen und Einstellungen gelten lassen kann, die dem Coachee zunächst noch fremd sind. Das ist insbesondere dann hilfreich, wenn der Coachee einem Anliegen gegenüber sehr negative Gefühle hat, oder bereits erfolglose Lösungsversuche unternommen hat. Durch die zusätzliche Rolle oder Position des Teamchefs, fällt es leichter, mit einem gewissen Abstand auch schwierige oder emotional belastbare Fragestellen zu reflektieren. Insbesondere wenn es um belastende Situationen geht oder um Verhaltensweisen, die der Coachee verändern möchte, identifizieren viele Coachees Teammitglieder, die als störend, nicht-konstruktiv oder negativ beschrieben werden. Im Sinne einer humorvollen und spielerischen Herangehensweise kann es hilfreich sein, diese auch entsprechend zu benennen (Stinkstiefel, Motzgurke, Pessimist, Oberlehrer, Giftzwerg …). Genau so wichtig ist es aber, den Teammitgliedern eine grundsätzlich positive Haltung der Sache und dem Team-Chef gegenüber zu unterstellen.

In den meisten Fällen wäre es nicht zielführend, die Vorstellungen eines inneren Teammitglieds vollständig zu übernehmen und direkt umzusetzen. Die Motivation hinter einer Einstellung, Meinung, Haltung oder Perspektive des inneren Teammitglieds bietet aber in der Regel wertvolle Hinweise auf Ressourcen, die der Coachee nutzen kann. Zentral für den Erfolg der Arbeit mit dem inneren Team ist deshalb die Frage nach der guten Absicht jedes einzelnen Teammitglieds. So kann z. B. der Giftzwerg im inneren Team eines Coachee sicherstellen, dass dieser sich nicht von Anderen „über den Tisch ziehen“ oder

der „Bedenkenträger“ im Team, eine gute und sorgfältige Abwägung möglicher Risiken sicher stellen. Die Perspektive dieser Teammitglieder hat also Anteil am gemeinsamen Erfolg des inneren Teams.

Um mit dem inneren Team arbeiten zu können, muss der Coachee zunächst die einzelnen Teammitglieder identifizieren, deren Meinung gehört werden soll. Dazu ist etwas Kreativität notwendig, der Coachee muss „Lust haben“, sich auf diese Arbeit einzulassen und mit der Idee des inneren Teams zu experimentieren.

Das innere Team eignet sich als Coaching-Methode, um Haltung und Einstellung zu einem Thema zu klären, das eigene Werte-System zu verstehen, und unterschiedliche Perspektiven und Handlungsoptionen zu explorieren. Das innere Team ist damit zunächst eine Methode, mit welcher der Coachee innere Prozesse explorieren kann. Im nächsten Schritt ergeben sich daraus konkrete Strategien, Lösungen oder Verhaltensweisen. Als Coach nehmen Sie die Rolle als wertschätzender Prozessbegleiter des Coachee ein. Es ist nicht Ihre Aufgabe als Coach, unbewusste Anteile oder Widersprüche aufzudecken, oder einzelne Verhaltensweisen oder Einstellungen des Coachee zu identifizieren oder gar zu bewerten. Insbesondere, wenn Sie als Coach selbst von einem ähnlichen Anliegen betroffen sind, laufen Sie sonst Gefahr, Ihr eigenes inneres Team mit dem des Coachee zu verwechseln. Dabei ist ihr Coachee zu jeder Zeit der Chef des inneren Teams. Er entscheidet, wer wann gehört wird, und welche Meinung oder welche Vorschläge für seine Fragestellung hilfreich sind. Zentral für den Erfolg der Arbeit mit dem inneren Team ist es, als Team-Chef zunächst eine zuhörende, beobachtende Position einzunehmen, und erst im zweiten Schritt zu entscheiden, was konkret umgesetzt werden könnte. Darin liegt die Chance, neue und bis jetzt unbekannte Perspektiven zu entdecken und die Ideen der Teammitglieder als Ressource nutzen zu können.

Die Arbeit mit den unterschiedlichen Teammitgliedern setzt beim Coachee die Fähigkeit zur Perspektivenübernahme voraus. Damit der Coachee die einzelnen Teammitglieder als voneinander abgrenzbarer Perspektiven wahrnehmen kann, ist es hilfreich, die inneren Teammitglieder mit Bodenankern im Raum zu verorten, oder unterschiedliche Stühle zu nutzen, auf die sich der Coachee reihum setzt. Außerdem muss der Coachee das innere Team als hilfreiches Bild akzeptieren können und Spaß daran haben, die eigenen Teammitglieder zu identifizieren und deren Perspektive wahrzunehmen. Es kann passieren, dass sich der Coachee als „Spielball“ seines inneren Teams erlebt und die damit verbundenen Widersprüche als belastend und störend empfindet. Dann ist hilfreich, die Rolle als Führungskraft oder Chef des inneren Teams zu betonen: Der Coachee entscheidet, wer wann gehört wird, er bewertet und integriert die einzelnen Aspekte und entscheidet über das weitere Vorgehen.

Vielen Coachees erleichtert es den Einstieg in die Arbeit mit dem inneren Team, wenn der Coach ein Modell für mögliche innere Rollen vorschlägt. Der Coachee kann dann im ersten Schritt diesem Vorschlag folgen, die einzelnen Teammitglieder für sich adaptieren und im nächsten Schritt eigene Ideen ergänzen. Ich habe dazu auf Basis der *Selbstbestimmungstheorie* von Deci und Ryan und dem Führungskonzept *Leadership Agility* ein Rahmenmodell entwickelt (Joiner und Josephs 2006). Dieses Modell eignet sich insbesondere zur Arbeit mit Führungskräften, die das eigene Führungsverhalten und die zugrunde liegenden Werte reflektieren möchten. Das Modell geht zunächst von den drei Grundbedürfnissen Nähe, Autonomie und Kompetenz aus als Grundlage für intrinsische Motivation. Wenn diese drei Bedürfnisse befriedigt sind, erlebt der Coachee sich als selbstbestimmt und „im Einklang" mit sich selbst.

Die drei Führungsrollen sind im Modell der *Leadership Agility* zunächst als „äußere Rollen" angelegt und damit ein Modell für Führungsverhalten. Eine Führungskraft kann durch entsprechende Verhaltensweise die Bedürfnisse der Mitarbeitenden adressieren und so in der Konsequenz Motivation, Arbeitszufriedenheit und Leistung fördern. Gleichzeitig sind die Rollen auch als innere Rollen im Sinne der inneren Teammitglieder im Modell des inneren Teams zu verstehen. Hier liegt der Fokus auf den Grundbedürfnissen einer Führungskraft, die sie ebenfalls auf Basis des eigenen Wertesystems adressieren kann. Damit ergibt sich aus den drei Führungsrollen auch ein Modell für die psychische Gesundheit einer Führungskraft.

Die individuellen Werte eines Menschen „nähren" diese drei Grundbedürfnisse. Sie müssen bei allen Menschen gestillt werden. Das dahinterliegende Wertesystem ist allerdings hoch individuell. So können z. B. sowohl Werte wie Leistung, Macht oder Erfolg Grundlage für das Erleben von Kompetenz sein, genauso die Werte Abenteuer oder Familie. Zwischen den drei Grundbedürfnissen liegen drei zentrale Führungsrollen – Experte, Macher und Integrator. Die Grafik in Abb. 5.2 verdeutlicht die Zusammenhänge.

- Die Rolle Experte liegt zwischen den Grundbedürfnissen nach Kompetenz und Autonomie. Sie fokussiert auf ein konkretes Problem und entwickelt darauf aufbauend Lösungen. Dabei geht sie taktisch vor, und kann damit das Grundbedürfnis nach Nähe nicht ansprechen.
- Die Rolle Integrator vermittelt zwischen den Grundbedürfnissen nach Nähe und Kompetenz. Sie bringt Experten zusammen, geht dabei visionär vor und

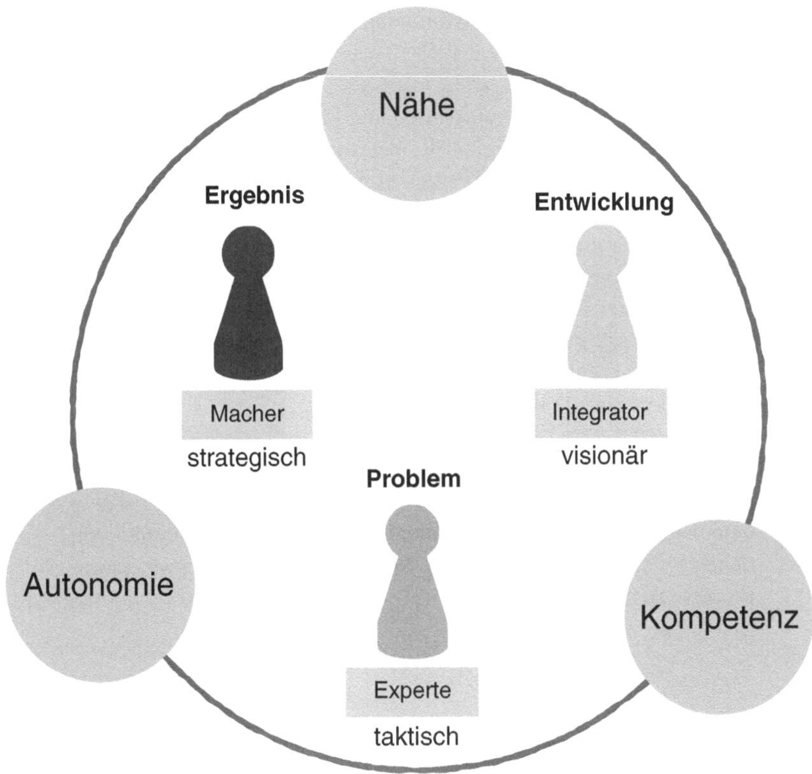

Abb. 5.2 Die drei Bedürfnisse Nähe, Autonomie und Kompetenz und die drei Rollen Macher, Integrator und Experte können den Einstieg in die Arbeit mit dem inneren Team erleichtern

fokussiert auf die Entwicklung von Personen und Organisationen. Diese Rolle ist komplementär zum Grundbedürfnis nach Autonomie. Entwicklung ist aus Sicht einer Führungskraft nur mit einem Blick auf das Ganze möglich.

- Die Rolle Macher adressiert das Grundbedürfnis nach Autonomie, um strategisch und mit Fokus auf das Ergebnis zu handeln. Das ist im organisationalen Kontext nur möglich wenn gleichzeitig das Bedürfnis nach Nähe befriedigt wird. Diese Rolle ist dabei komplementär zum Grundbedürfnis nach Kompetenz. In der konkreten Umsetzung ist die Kompetenz einzelne Personen nicht mehr direkt identifizierbar – oder läuft sogar gegen Meinung, Wissen oder Ratschlag einzelner Personen.

Die Kombination mit der Selbstbestimmungstheorie macht dabei zwei Aspekte klar:

- Die konzeptuelle Trennung von Werten und Bedürfnissen verdeutlicht, dass es einerseits Grundbedürfnisse gibt, die bei allen Menschen in ähnlicher Weise vorhanden sind, die konkrete Ausgestaltung in einem stimmigen Wertesystem aber andererseits in hohem Maße individuell ist.
- Die zentralen Grundbedürfnisse Kompetenz, Nähe und Autonomie werden von den Führungsrollen in unterschiedlicher Weise „genährt“. Es gibt keine Rolle die alle drei Grundbedürfnisse in gleicher Weise befriedigen kann. Es gibt kein „ideales“ Führungsverhalten – es können immer nur zwei von drei Grundbedürfnissen gleichzeitig genährt werden, gleichzeitig muss ein drittes Grundbedürfnis jeweils vernachlässigt werden.

▶ Unter ichraum.de/inneresteam finden Sie eine detaillierte Beschreibung des Coachings-Tools mit Hilfe zur Visualisierung, um das eigene innere Team zu nutzen oder andere Personen z. B. im Rahmen von Coaching dabei zu unterstützen, das innere Team für Entwicklungsprozesse zu nutzen.

Das können Sie aus diesem essentials mitnehmen

- Die Generation Y sucht berufliche Herausforderungen, die in Einklang mit den eigenen Werten stehen und deshalb als sinnvoll erlebt werden.
- Die Generation Y stellt besondere Anforderungen an Führungskräfte und erwartet wertorientierte Führung. Diese hat eine höhere Bedeutung hat als Gratifikationssysteme, Zielvereinbarungen und langfristige Arbeitsverträge.
- Wertorientierte Führung meint, kongruent mit den eigenen Werten zu handeln und bei der Kommunikation die Werte anderer sowie die Vielfalt unterschiedlicher Werte-Systeme zu berücksichtigen.
- Werte beeinflussen Verhalten, Denken und Empfinden und haben wesentlichen Einfluss auf Leistungsfähigkeit, Arbeitsmotivation und Arbeitszufriedenheit.
- Werte können sich über die Zeit verändern. Sie sind keine stabilen und überdauernden Persönlichkeitseigenschaften. Insbesondere wenn sich die äußeren Bedingungen verändern, verändern sich oft auch die innere Werte oder die Hierarchie der Werte.

J. Moskaliuk, *Generation Y als Herausforderung für Führungskräfte*,
essentials, DOI 10.1007/978-3-658-13400-6

Quellen

Bennett, S., Maton, K., & Kervin, L. (2008). The ‚digital natives' debate: A critical review of the evidence. *British Journal of Educational Technology, 39*, 775–786.

Briedis, K., & Minks, K. H. (2007). *Generation Praktikum-Mythos oder Massenphänomen?* Hannover: HIS Hochschul-Informations-System-GmbH.

Bund, K. (2014). *Glück schlägt Geld. Generation Y: Was wir wirklich wollen*. Hamburg: Murmann Verlag.

Frankl, V. E. (2002). *Logotherapie und Existenzanalyse: Texte aus sechs Jahrzehnten*. Weinheim: Beltz.

Guillot-Soulez, C., & Soulez, S. (2014). On the heterogeneity of Generation Y job preferences. *Employee Relations, 36*, 319–332.

Hurrelmann, K., & Albrecht, E. (2014). *Die heimlichen Revolutionäre: wie die Generation Y unsere Welt verändert*. Weinheim: Beltz.

Johnson, S. (2001). *Emergence: The connected lives of ants, brains, cities, and software*. New York: Scribner.

Joiner, W. B., & Josephs, S. A. (2006). *Leadership agility: Five levels of mastery for anticipating and initiating change*. Hoboken: Wiley.

Kosser, U. (2014). *Ohne uns: die Generation Y und ihre Absage an das Leistungsdenken*. Köln: Dumont Buchverlag.

Krahn, H. J., & Galambos, N. L. (2014). Work values and beliefs of ‚Generation X' and ‚Generation Y'. *Journal of Youth Studies, 17*, 92–112.

Moskaliuk, J. (2008). *Konstruktion und Kommunikation von Wissen mit Wikis*. Boizenburg: Verlag Werner Hülsbusch.

Prensky, M. (2001). Digital natives, digital immigrants. *On the Horizon, 9*, 1–6.

Ruthus, J. (2014). *Arbeitgeberattraktivität aus Sicht der Generation Y*. Wiesbaden: Springer.

Schulz von Thun, F. (1989). *Miteinander reden 2. Stile, Werte und Persönlichkeitsentwicklung*. Hamburg: Rowohlt.

Schulz von Thun, F. (1998). *Miteinander reden 3 – Das ‚innere Team' und situationsgerechte Kommunikation*. Reinbek: Rowohlt.

Schwartz, S. H. (1994). Are there universal aspects in the structure and contents of human values? *Journal of Social Issues, 50*, 19–45.

J. Moskaliuk, *Generation Y als Herausforderung für Führungskräfte*, essentials, DOI 10.1007/978-3-658-13400-6

Schwartz, S. H., Cieciuch, J., Vecchione, M., Davidov, E., Fischer, R., Beierlein, C., et al. (2012). Refining the theory of basic individual values. *Journal of Personality and Social Psychology*, *103*, 663–688.

Tapscott, D. (2009). *Grown up digital*. New York: McGraw-Hill.